Picture Dictionary

ENGLISH/ DUTCH

More than 350 Essential Words

Dylanna Press

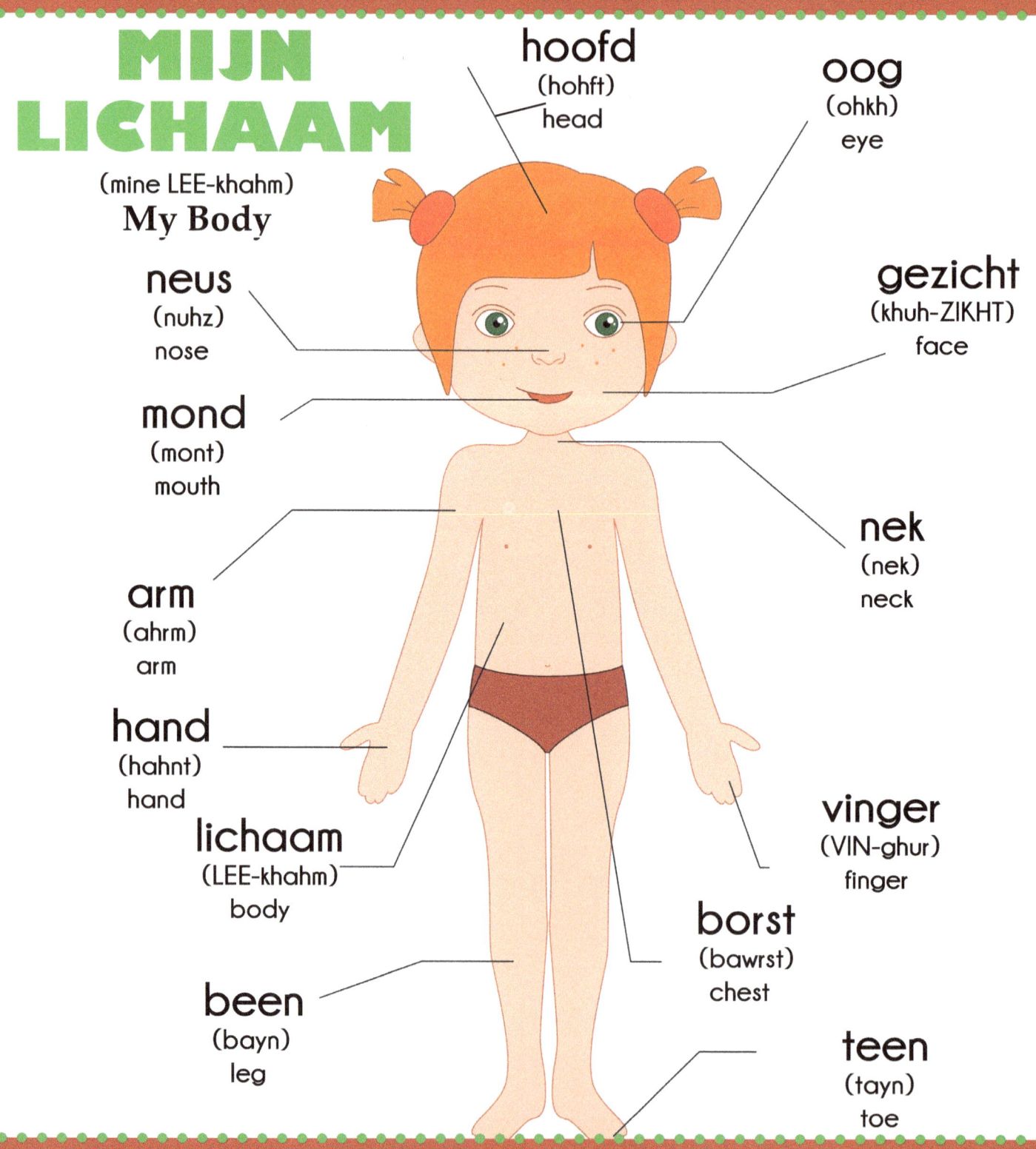

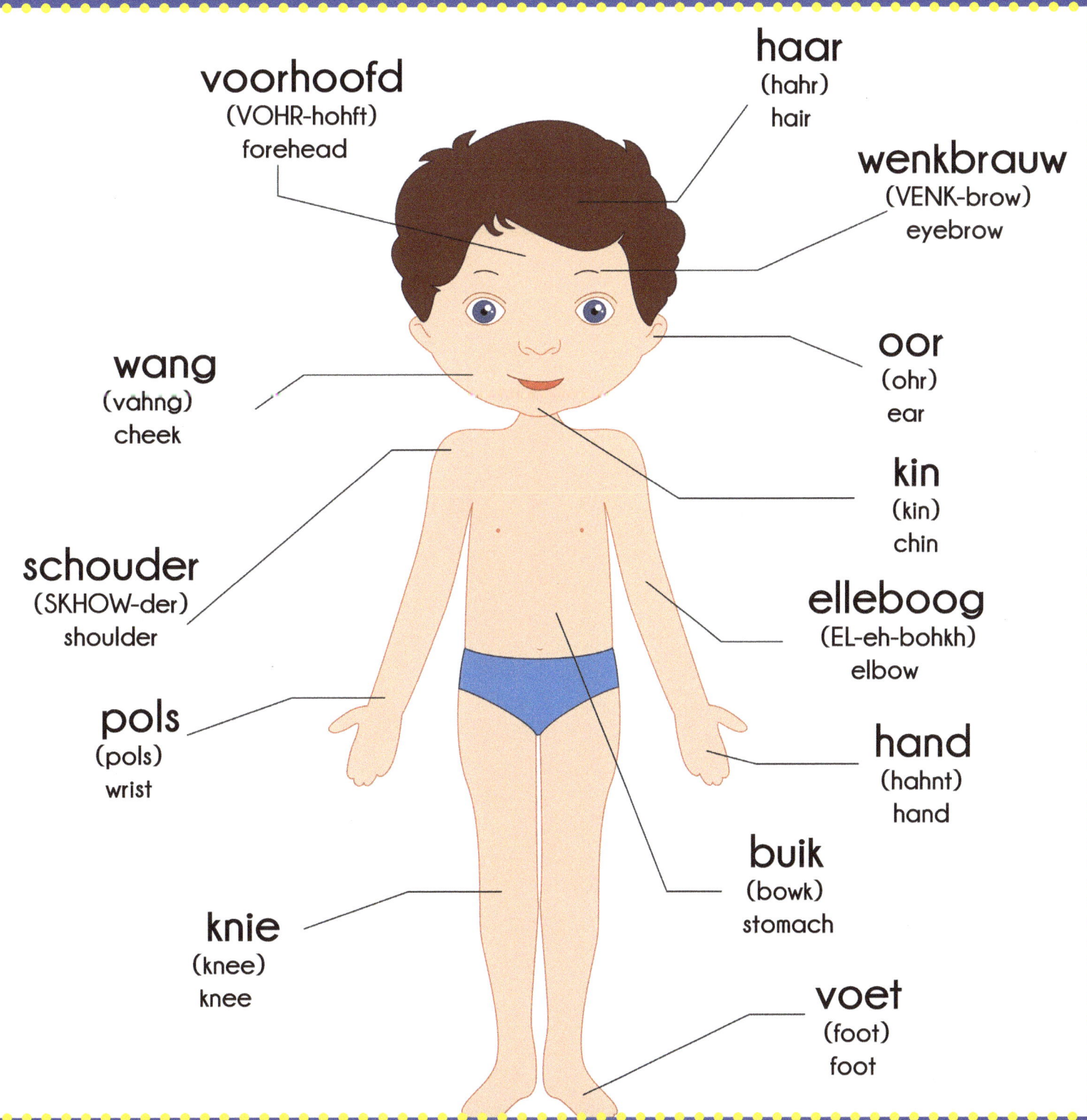

MIJN HUIS
(mine hows)

my house

woonkamer
(VOHN-kah-mur)

living room

keuken
(KOW-kuhn)

kitchen

slaapkamer
(SLAHP-kah-mur)

bedroom

badkamer
(BAHT-kah-muhr)

bathroom

trap
(trahp)

stairs

raam
(rahm)

window

open haard
(OH-pun hahrd)

fireplace

deur
(duhr)

door

bank
(bahnk)

couch

stoel
(stool)

chair

tafel
(TAH-fuhl)

table

lamp
(lahmp)

lamp

televisie
(tay-luh-VEE-zee)

television

ladekast
(LAH-duh-kahst)

dresser

bureau
(byoo-ROH)

desk

boekenkast
(BOO-kuhn-kahst)

bookcase

kruk
(kruk)

stool

IN DE SLAAPKAMER

(in duh SLAHP-kah-muhr)

In the bedroom

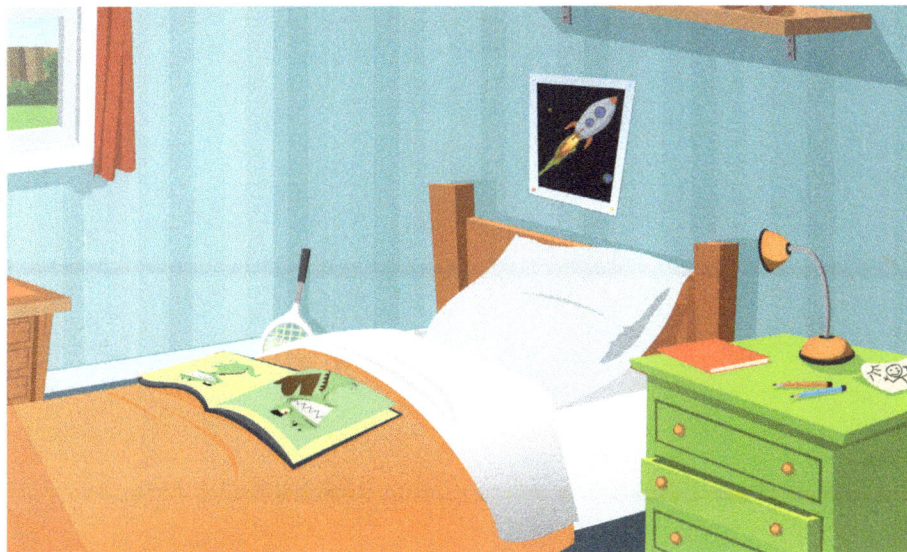

bed
(bed)

bed

kussen
(KUH-sun)

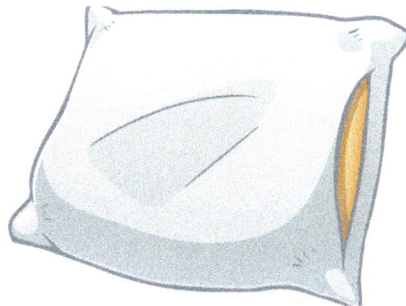

pillow

deken
(DAY-kun)

blanket

kledingkast
(KLAY-ding-kahst)

wardrobe

klok
(klok)

clock

spiegel
(SPEE-ghul)

mirror

KEUKEN
(KOW-kun)

kitchen

koelkast
(KOOL-kahst)

refrigerator

fornuis
(for-NOWS)

stove

kom
(kohm)

bowl

kopje
(KOP-yuh)

cup

glas
(ghlahs)

glass

snijplank
(SNYE-plahngk)

cutting board

mes
(mes)

knife

vork
(vork)

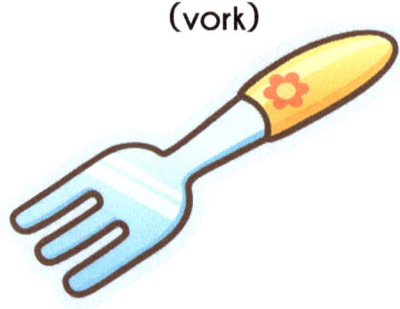

fork

waterkoker
(VAH-ter-koh-kur)

kettle

pan
(pahn)

pan

pot
(poht)

pot

bord
(bawrt)

plate

lepel
(LAY-pul)

spoon

theepot
(TAY-pot)

teapot

garde
(GHAR-duh)

whisk

vaatwasser
(VAHT-wah-sur)

dishwasher

magnetron
(MAKH-nuh-tron)

microwave

BADKAMER
(BAHT-kah-mur)

bathroom

badkuip
(BAHT-kowp)

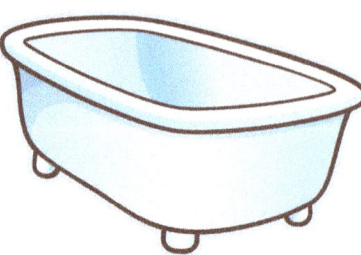
bathtub

zeep
(zayp)

soap

borstel
(BOR-shtull)

brush

bellen
(BEL-lun)

bubbles

kam
(kahm)

comb

kraan
(krahn)

faucet

weegschaal
(VAYKH-skhaal)

scale

shampoo
(SHAHM-poo)

shampoo

douche
(doosh)

shower

wastafel
(VAHSS-tah-ful)

sink

spons
(spohns)

sponge

zakdoek
(ZAHK-dook)

tissue

toilet
(twa-let)

toilet

tandenborstel
(TAHN-duhn-bor-shtul)

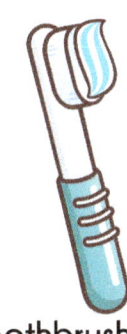

toothbrush

tandpasta
(TAHND-pah-stah)

toothpaste

handdoek
(HAHND-dook)

towel

wc-papier
(VAY-say pah-peer)

toilet paper

MIJN KLEREN
(mine KLAY-ruh-n)
My Clothes

riem
(reem)

belt

badpak
(BAHT-pahk)

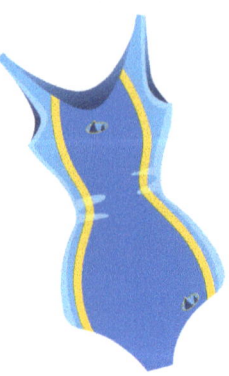

swimsuit

blouse
(BLOO-zuh)

blouse

laarzen
(LAHR-zuhn)

boots

jas
(yahs)

coat

jurk
(yurk)

dress

handschoenen
(HAHND-skhoo-nun)

gloves

jasje
(YAHSS-yuh)

jacket

hoed
(hoot)

hat

spijkerbroek
(SPAY-kuhr-brook)

jeans

stropdas
(STROHP-dahs)

necktie

broek
(brook)

pants

overall
(OH-ver-ahl)

overalls

handtas
(HAHNT-tahs)

purse

pyjama
(pee-YAH-mah)

pajamas

sjaal
(shahl)

scarf

ondergoed
(OHN-duhr-khoot)

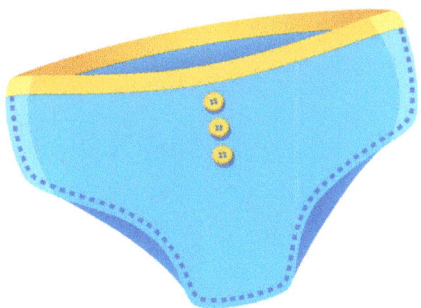

underwear

schoenen
(SKHOO-nuhn)

shoes

rok
(rok)

skirt

sneakers
(SNEE-kuhrs)

sneakers

sokken
(SO-kuhn)

socks

zonnebril
(ZOH-nuh-bril)

sunglasses

trui
(trouw)

sweater

T-shirt
(TEE-shurt)

T shirt

panty
(PEN-tee)

tights

zwembroek
(ZVEM-brook)

swim trunks

sweater
(SWEH-ter)

sweatshirt

ETEN
(AY-tuhn)

Food

tomaat
(toh-MAHT)

tomato

watermeloen
(VAH-tuhr-muh-loon)

watermelon

appel
(AH-pel)

apple

sinaasappel
(SEE-nahs-ah-puhl)

orange

banaan
(bah-NAHN)

banana

aardbeien
(AHRD-bye-un)

strawberries

citroen
(see-TROON)

lemon

peer
(payr)

pear

salade
(sah-LAH-duh)

salad

kaas
(kahs)

cheese

kip
(kip)

chicken

boodschappen
(BOHT-skhah-puhn)

groceries

pannenkoeken
(PAHN-un-koo-kuhn)

pancakes

boterham
(BOH-tuhr-hahm)

sandwich

spaghetti
(spah-GHE-tee)

spaghetti

toast
(tohst)

toast

maïs
(mah-ees)

corn

popcorn
(POP-korn)

popcorn

patat
(pah-TAHT)

french fries

ijs
(ice)

ice cream

wortel
(VOR-tuhl)

carrot

pizza
(PEET-sah)

pizza

broccoli
(BROH-koh-lee)

broccoli

melk
(melk)

milk

ui
(eye)

onion

kalkoen
(kahl-KOON)

turkey

DIEREN

(DEE-run)

Animals

vogel
(VOH-ghul)

bird

kat
(kaht)

cat

hond
(hont)

dog

eend
(aynt)

duck

olifant
(OH-lee-fahnt)

elephant

vos
(voss)

fox

leeuw
(LAY-oo)

lion

eland
(AY-lahnd)

moose

eekhoorn
(AYK-hohrn)

squirrel

slang
(slahng)

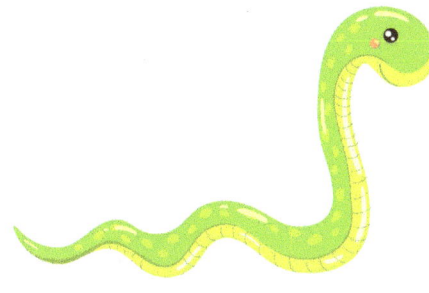

snake

muis
(mows)

mouse

kip
(kip)

chicken

alligator
(AH-lee-gah-tor)

alligator

beer
(behr)

bear

varken
(VAHR-kuhn)

schildpad
(SKILD-paht)

pig

turtle

nijlpaard
(NAYL-pahrt)

giraf
(zhee-RAHF)

kameel
(kah-MEEL)

hippopotamus

giraffe

camel

wolf
(volf)

zebra
(ZAY-brah)

vis
(vis)

wolf

zebra

fish

koe
(koo)

cow

schaap
(skhaap)

sheep

geit
(khayt)

goat

paard
(pahrt)

horse

tijger
(TAY-kher)

tiger

slak
(slahk)

snail

pinguïn
(PING-win)

penguin

gorilla
(goh-RIL-lah)

gorilla

SCHOOL
(skhohl)

schoolbus
(SKHOHL-bus)

leraar
(LAY-rahr)

school

school bus

teacher

krijtjes
(KRAY-tyuhs)

lijm
(laym)

schriftjes
(SKHRIFT-yuhs)

crayons

glue

notebooks

verf
(verf)

potlood
(POT-loht)

wereldbol
(WAY-reld-bol)

paint

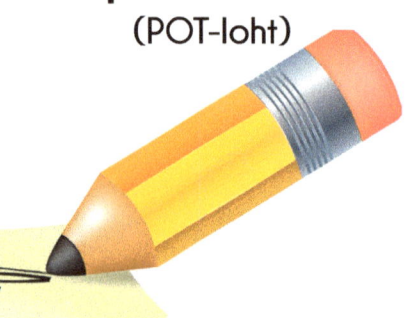
pencil

globe

rugzak
(RUKH-zahk)

backpack

pen
(pen)

pen

liniaal
(LEE-nee-ahl)

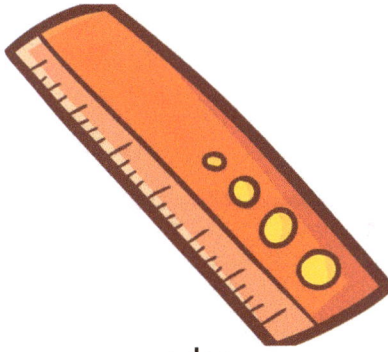

ruler

rekenmachine
(RAY-kuhn-mah-shee-nuh)

calculator

schaar
(skhahr)

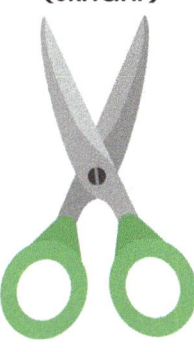

scissors

nietmachine
(NEET-mah-shee-nuh)

stapler

boek
(book)

book

bureau
(byoo-ROH)

desk

leerling
(LAYR-ling)

student

WEER
(vayr)

weather

wolk
(volk)

cloud

bliksem
(BLIK-suhm)

lightning

regen
(RAY-ghen)

rain

sneeuw
(SNAY-oo)

snow

zon
(zohn)

sun

tornado
(tor-NAH-doh)

tornado

wind
(vint)

wind

regenboog
(RAY-ghen-bohg)

rainbow

DE SEIZOENEN — THE SEASONS

winter
(VIN-tuhr)

winter

lente
(LEN-tuh)

spring

zomer
(ZOH-mur)

summer

herfst
(HEHR-fst)

autumn

VERVOER
(vur-VOOR)
transportation

vliegtuig
(VLEEG-towkh)

airplane

ambulance
(ahm-byu-LAHN-suh)

ambulance

fiets
(feets)

bicycle

boot
(boht)

boat

bus
(bus)

bus

auto
(OW-toh)

car

brandweerauto
(BRAND-vayr-ow-toh)

firetruck

helikopter
(HAY-lee-kohp-tuhr)

helicopter

motorfiets
(MOH-tuhr-feets)

motorcycle

politieauto
(po-LEE-tsie-ow-toh)

police car

raket
(rah-KET)

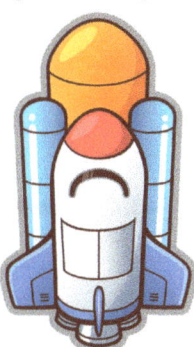

rocket

scooter
(SKOO-tuhr)

scooter

schip
(skhip)

ship

onderzeeër
(ON-der-zay-ur)

submarine

tractor
(TRAK-tor)

tractor

trein
(trayn)

train

vrachtwagen
(FRAHKHT-vah-ghuhn)

truck

wagen
(VAH-ghen)

wagon

SPORTEN — SPORTS
(SPOR-tuhn)

handschoen
(HAHND-skhoon)

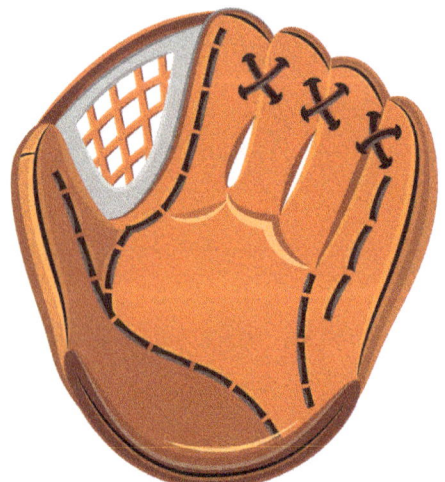

glove

honkbal
(HONK-bahl)

baseball

basketbal
(BAHS-kuht-bahl)

basketball

skateboard
(SKAYT-bohrd)

skateboard

tennisracket
(TEN-nis-rah-ket)

tennis racket

fluit
(flowt)

whistle

boksen
(BOK-suhn)

boxing

vissen
(VIS-suhn)

fishing

Amerikaans voetbal
(ah-may-ree-kahns VOOT-bahl)

football

golf
(golf)

golf

schaatsen
(SKHAHT-suhn)

skating

karate
(kah-RAH-tuh)

karate

voetbal
(VOOT-bahl)

soccer

zeilen
(ZAY-luhn)

sailing

tennis
(TEN-nis)

tennis

WERKWOORDEN
(VERK-vohr-duhn)
Action Words

kruipen
(KROW-puhn)

crawl

klimmen
(KLIM-muhn)

climb

huilen
(HOW-luhn)

cry

drinken
(DRIN-kuhn)

drink

eten
(AY-tuhn)

eat

springen
(SPRING-uhn)

jump

lachen
(LAKH-uhn)

laugh

luisteren
(LOW-stuh-ruhn)

listen

lezen
(LAY-zuhn)

read

rennen
(ren-nuhn)

run

zitten
(ZIT-tuhn)

sit

slapen
(SLAH-puhn)

sleep

staan
(stahn)

stand

praten
(PRAH-tuhn)

talk

lopen
(LOH-puhn)

walk

fluisteren
(FLOW-stuhr-uhn)

whisper

knuffelen
(KUH-nuh-fuh-luhn)

hug

stuiteren
(STOW-tuh-ruhn)

bounce

EMOTIES — EMOTIONS
(ay-MOH-tsees)

bang
(bahng)

nieuwsgierig
(NEE-oo-skh-HEER-ikh)

verdrietig
(vur-DREE-tuhkh)

afraid

curious

sad

boos
(bohs)

verrast
(vur-RAHST)

blij
(bligh)

angry

surprised

happy

TEGENSTELLINGEN — OPPOSITES
(TAY-ghuhn-stel-ling-uhn)

vies (vees) **schoon** (skhohn) **gesloten** (ghuh-SLOH-tuhn) **open** (OH-puhn)

dirty clean closed open

koud (kowt) **heet** (hayt) **licht** (LIKH-t,) **donker** (DOHN-kuhr)

cold hot light dark

TEGENSTELLINGEN — OPPOSITES

oud
(owt)

jong
(yong)

zwaar
(zvahr)

licht
(LIKH-t)

old

young

heavy

light

luid
(lowt)

stil
(stil)

beneden
(buh-NAY-duhn)

omhoog
(om-HOHKH)

loud

quiet

down

up

TEGENSTELLINGEN — OPPOSITES

droog
(drohkh)

nat
(naht)

zacht
(ZAHKH-t)

hard
(hahrt)

dry

wet

soft

hard

trekken
(TREK-kuhn)

duwen
(DOO-wuhn)

boven
(BOH-vuhn)

onder
(OHN-duhr)

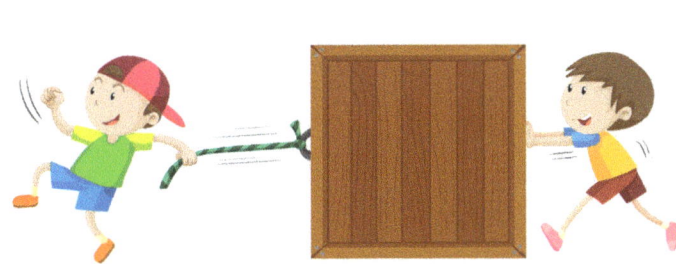
pull · push

above · below

GROETEN — GREETINGS
(KHROO-tuhn)

hallo (hah-LOH)   **dag** (dahkh)   **goedemorgen** (KHOO-duh-MOR-ghuhn)   **goedenacht** (KHOO-duh-NAHKHT)

hello   goodbye   good morning   good night

ja (yah)   **nee** (nay)   **alstublieft** (AHL-stuh-BLEEFT)   **dank je** (DAHNK yuh)

yes   no   please   thank you

DAGEN VAN DE WEEK — DAYS OF THE WEEK

 maandag
(MAHN-dahkh)

 vrijdag
(VRAY-dahkh)

 dinsdag
(DINZ-dahkh)

 zaterdag
(ZAH-tuhr-dahkh)

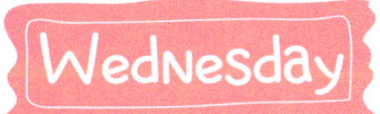 woensdag
(WOONS-dahkh)

zondag
(ZOHN-dahkh)

 donderdag
(DON-duhr-dahkh)

MAANDEN — MONTHS

 januari (YAH-noo-ah-ree)

 februari (FAY-broo-ah-ree)

 maart (mahrt)

 april (AH-pril)

 mei (may)

 juni (YOO-nee)

 juli (YOO-lee)

 augustus (OW-ghus-tus)

 september (SEP-tehm-buhr)

 oktober (OHK-toh-buhr)

 november (NOH-vem-buhr)

 december (DAY-sehm-buhr)

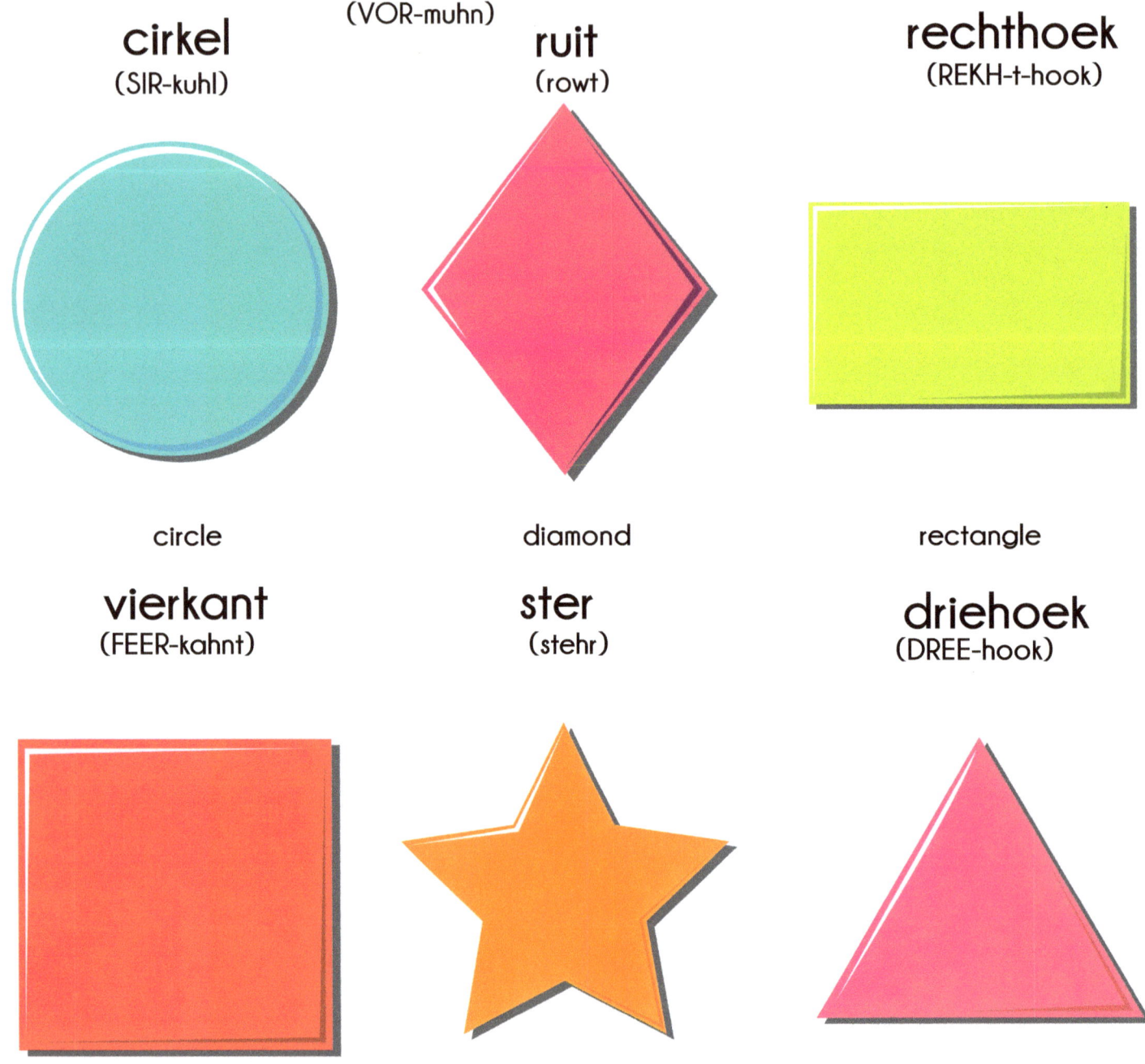

NUMMERS — NUMBERS
(NUM-uhrs)

één	twee	drie	vier	vijf
(ayn)	(tvay)	(dree)	(feer)	(vayf)

 one
 two
 three
 four
 five

zes	zeven	acht	negen	tien
(zes)	(ZAY-vuhn)	(AHKH-t)	(NAY-ghuhn)	(teen)

 six
 seven
 eight
 nine
 ten

ALFABET — ALPHABET
(AHL-fah-bet)

A aa (ah)	B bee (bay)	C cee (say)	D dee (day)	E ee (ay)	F ef (ef)	G gee (khay)	H haa (hah)	I ie (ee)
J jee (yay)	K kaa (kah)	L el (el)	M em (em)	N en (en)	O oo (oh)	P pee (pay)	Q qu (koo)	R er (ehr)
S es (es)	T tee (tay)	U uu (oo)	V vee (vay)	W wee (way)	X iks (iks)	Y ij (ay)	Z zet (zet)	

Dutch-English Word List

aap	**monkey**	boksen	**boxing**
aardappelen	**potatoes**	boodschappen	**groceries**
aardbeien	**strawberries**	boos	**angry**
acht	**eight**	boot	**boat**
alligator	**alligator**	bord	**plate**
alstublieft	**please**	borst	**chest**
ambulance	**ambulance**	borstel	**brush**
appel	**apple**	boter	**butter**
april	**April**	boterham	**sandwich**
arm	**arm**	boven	**above**
augustus	**August**	brandweerauto	**fire truck**
auto	**car**	broccoli	**broccoli**
badkamer	**bathroom**	broek	**pants**
badkuip	**bathtub**	broer	**brother**
badpak	**swimsuit**	brood	**bread**
banaan	**banana**	buik	**stomach**
bang	**afraid**	bureau	**desk**
bank	**couch**	bus	**bus**
basketbal	**basketball**	chips	**chips**
bed	**bed**	cirkel	**circle**
been	**leg**	citroen	**lemon**
beer	**bear**	dag	**goodbye**
bellen	**bubbles**	dank je	**thank you**
beneden	**down**	december	**December**
bibliotheek	**library**	deken	**blanket**
blauw	**blue**	deur	**door**
blij	**happy**	dieren	**animals**
bliksem	**lightning**	dinsdag	**Tuesday**
blouse	**blouse**	donderdag	**Thursday**
boek	**book**	donker	**dark**
boekenkast	**bookcase**	douche	**shower**
		drie	**three**

Dutch-English Word List

driehoek	**triangle**	grootmoeder	**grandmother**
droog	**dry**	grootvader	**grandfather**
duwen	**push**	haan	**rooster**
eekhoorn	**squirrel**	haar	**hair**
één	**one**	hallo	**hello**
eend	**duck**	hand	**hand**
ei	**egg**	handdoek	**towel**
eland	**moose**	handschoenen	**gloves**
elleboog	**elbow**	hard	**hard**
emoties	**emotions**	heet	**hot**
eten	**eating**	helikopter	**helicopter**
eten	**food**	herfst	**autumn**
familie	**family**	hoed	**hat**
februari	**February**	hond	**dog**
fiets	**bicycle**	honkbal	**baseball**
fluisteren	**whisper**	hoofd	**head**
fluiten	**whistle**	huilen	**cry**
fornuis	**stove**	huis	**house**
garde	**whisk**	ijs	**ice cream**
geel	**yellow**	ja	**yes**
geit	**goat**	januari	**January**
gesloten	**closed**	jas	**coat**
gezicht	**face**	jas	**jacket**
giraf	**giraffe**	jong	**young**
glas	**glass**	juli	**July**
goedemorgen	**good morning**	juni	**June**
goedenacht	**good night**	jurk	**dress**
golf	**golf**	kaas	**cheese**
gootsteen	**sink**	kalkoen	**turkey**
gorilla	**gorilla**	kam	**comb**
groen	**green**	kameel	**camel**
		kar	**wagon**

Dutch-English Word List

karate	**karate**	leraar	**teacher**
kat	**cat**	lezen	**read**
keuken	**kitchen**	lichaam	**body**
kikker	**frog**	licht	**light (opposite of dark)**
kin	**chin**	licht	**light (opposite of heavy)**
kip	**chicken**	lijm	**glue**
kledingkast	**wardrobe**	liniaal	**ruler**
kleren	**clothes**	luid	**loud**
kleuren	**colors**	luisteren	**listening**
klimmen	**climbing**	maandag	**Monday**
klok	**clock**	maart	**March**
knie	**knee**	magnetron	**microwave**
knuffelen	**hugging**	maïs	**corn**
koe	**cow**	mei	**May**
koekjes	**cookies**	melk	**milk**
koelkast	**refrigerator**	mes	**knife**
kom	**bowl**	moeder	**mother**
konijn	**rabbit**	mond	**mouth**
kopje	**cup**	motorfiets	**motorcycle**
koud	**cold**	muis	**mouse**
kraan	**faucet**	nat	**wet**
krijtjes	**crayons**	nee	**no**
kruipen	**crawling**	neef	**cousin (male)**
kruk	**stool**	negen	**nine**
kussen	**pillow**	nek	**neck**
laarzen	**boots**	neus	**nose**
lachen	**laugh**	nicht	**cousin (female)**
ladekast	**dresser**	nietmachine	**stapler**
lamp	**lamp**	nieuwsgierig	**curious**
leeuw	**lion**	nijlpaard	**hippopotamus**
lente	**spring**	noten	**nuts**
lepel	**spoon**	november	**November**

Dutch-English Word List

nummers	**numbers**	pyjama	**pajamas**
oktober	**October**	raam	**window**
olifant	**elephant**	raket	**rocket**
omhoog	**up**	rechthoek	**rectangle**
onder	**below**	regen	**rain**
ondergoed	**underwear**	regenboog	**rainbow**
onderzeeër	**submarine**	rekenmachine	**calculator**
oog	**eye**	riem	**belt**
oom	**uncle**	rijst	**rice**
oor	**ear**	rok	**skirt**
open	**open**	rood	**red**
open haard	**fireplace**	roze	**pink**
oranje	**orange (color)**	rugzak	**backpack**
oud	**old**	ruit	**diamond**
overall	**overalls**	salade	**salad**
paard	**horse**	schaap	**sheep**
paars	**purple**	schaar	**scissors**
pan	**pan**	schaatsen	**skating**
pan	**pot**	schildpad	**turtle**
panda	**panda**	schip	**ship**
pannenkoeken	**pancakes**	schoenen	**shoes**
panty	**tights**	school	**school**
patat	**french fries**	schoolbus	**schoolbus**
peer	**pear**	schoon	**clean**
pen	**pen**	schouder	**shoulder**
pinguïn	**penguin**	schriftjes	**notebooks**
pizza	**pizza**	scooter	**scooter**
politieauto	**police car**	seizoenen	**seasons**
pols	**wrist**	september	**September**
popcorn	**popcorn**	shampoo	**shampoo**
potlood	**pencil**	shirt	**shirt**
praten	**talking**		

Dutch-English Word List

sinaasappel	**orange (fruit)**	tas	**purse**
sjaal	**scarf**	teen	**toe**
skateboard	**skateboard**	tegenstellingen	**opposites**
slaapkamer	**bedroom**	televisie	**television**
slak	**snail**	tennis	**tennis**
slang	**snake**	tennisracket	**tennis racket**
slapen	**sleeping**	theepot	**teapot**
sneakers	**sneakers**	tien	**ten**
sneeuw	**snow**	tijger	**tiger**
snijplank	**cutting board**	toast	**toast**
sokken	**socks**	toilet	**toilet**
spaghetti	**spaghetti**	tomaat	**tomato**
spiegel	**mirror**	tornado	**tornado**
spijkerbroek	**jeans**	tractor	**tractor**
spons	**sponge**	trap	**stairs**
sporten	**sports**	trein	**train**
springen	**jump**	trekken	**pull**
staan	**standing**	trui	**sweater**
ster	**star**	t-shirt	**t-shirt**
sterk	**strong**	twee	**two**
stil	**quiet**	ui	**onion**
stoel	**chair**	uil	**owl**
stropdas	**necktie**	vaatwasser	**dishwasher**
student	**student**	vader	**father**
stuiteren	**bounce**	varken	**pig**
sweatshirt	**sweatshirt**	verdrietig	**sad**
taart	**cake**	verf	**paint**
tafel	**table**	verrast	**surprised**
tandenborstel	**toothbrush**	vervoer	**transportation**
tandpasta	**toothpaste**	vier	**four**
tante	**aunt**	vierkant	**square**

Dutch-English Word List

vies	**dirty**	wortel	**carrot**
vijf	**five**	zacht	**soft**
vinger	**finger**	zakdoek	**tissue**
vis	**fish**	zaterdag	**Saturday**
vissen	**fishing**	zebra	**zebra**
vliegtuig	**airplane**	zeep	**soap**
voet	**foot**	zeilen	**sailing**
voetbal	**football**	zes	**six**
voetbal	**soccer**	zeven	**seven**
vogel	**bird**	zitten	**sit**
voorhoofd	**forehead**	zomer	**summer**
vork	**fork**	zon	**sun**
vormen	**shapes**	zondag	**Sunday**
vos	**fox**	zonnebril	**sunglasses**
vrachtwagen	**truck**	zus	**sister**
vrijdag	**Friday**	zwaar	**heavy**
walvis	**whale**	zwart	**black**
wang	**cheek**	zwembroek	**swim trunks**
waterkoker	**kettle**		
watermeloen	**watermelon**		
wc-papier	**toilet paper**		
weegschaal	**scale**		
weer	**weather**		
wenkbrauw	**eyebrow**		
wereldbol	**globe**		
wind	**wind**		
winter	**winter**		
wit	**white**		
woensdag	**Wednesday**		
wolf	**wolf**		
wolk	**cloud**		
woonkamer	**living room**		

English-Dutch Word List

above	boven	**book**	boek
afraid	bang	**bookcase**	boekenkast
airplane	vliegtuig	**boots**	laarzen
alligator	alligator	**bounce**	stuiteren
ambulance	ambulance	**bowl**	kom
angry	boos	**boxing**	boksen
animals	dieren	**bread**	brood
apple	appel	**broccoli**	broccoli
April	april	**brother**	broer
arm	arm	**brush**	borstel
August	augustus	**bubbles**	bellen
aunt	tante	**bus**	bus
autumn	herfst	**butter**	boter
backpack	rugzak	**cake**	taart
banana	banaan	**calculator**	rekenmachine
baseball	honkbal	**camel**	kameel
basketball	basketbal	**car**	auto
bathroom	badkamer	**carrot**	wortel
bathtub	badkuip	**cat**	kat
bear	beer	**chair**	stoel
bed	bed	**cheek**	wang
bedroom	slaapkamer	**cheese**	kaas
below	onder	**chest**	borst
belt	riem	**chicken**	kip
bicycle	fiets	**chin**	kin
bird	vogel	**chips**	chips
black	zwart	**circle**	cirkel
blanket	deken	**clean**	schoon
blouse	blouse	**climbing**	klimmen
blue	blauw	**clock**	klok
boat	boot	**closed**	gesloten
body	lichaam	**clothes**	kleren

English-Dutch Word List

cloud	wolk	**eating**	eten
coat	jas	**egg**	ei
cold	koud	**eight**	acht
colors	kleuren	**elbow**	elleboog
comb	kam	**elephant**	olifant
cookies	koekjes	**emotions**	emoties
corn	maïs	**eye**	oog
couch	bank	**eyebrow**	wenkbrauw
cousin (female)	nicht	**face**	gezicht
cousin (male)	neef	**family**	familie
cow	koe	**father**	vader
crawling	kruipen	**faucet**	kraan
crayons	krijtjes	**February**	februari
cry	huilen	**finger**	vinger
cup	kopje	**fire truck**	brandweerauto
curious	nieuwsgierig	**fireplace**	open haard
cutting board	snijplank	**fish**	vis
dark	donker	**fishing**	vissen
December	december	**five**	vijf
desk	bureau	**food**	eten
diamond	ruit	**foot**	voet
dirty	vies	**football**	voetbal
dishwasher	vaatwasser	**forehead**	voorhoofd
dog	hond	**fork**	vork
door	deur	**four**	vier
down	beneden	**fox**	vos
dress	jurk	**french fries**	patat
dresser	ladekast	**Friday**	vrijdag
dry	droog	**frog**	kikker
duck	eend	**giraffe**	giraf
ear	oor	**glass**	glas
		globe	wereldbol

English-Dutch Word List

gloves	handschoenen	jump	springen
glue	lijm	June	juni
goat	geit	karate	karate
golf	golf	kettle	waterkoker
good morning	goedemorgen	kitchen	keuken
good night	goedenacht	knee	knie
goodbye	dag	knife	mes
gorilla	gorilla	lamp	lamp
grandfather	grootvader	laugh	lachen
grandmother	grootmoeder	leg	been
green	groen	lemon	citroen
groceries	boodschappen	library	bibliotheek
hair	haar	light (opposite of dark)	licht
hand	hand	light (opposite of heavy)	licht
happy	blij	lightning	bliksem
hard	hard	lion	leeuw
hat	hoed	listening	luisteren
head	hoofd	living room	woonkamer
heavy	zwaar	loud	luid
helicopter	helikopter	March	maart
hello	hallo	May	mei
hippopotamus	nijlpaard	microwave	magnetron
horse	paard	milk	melk
hot	heet	mirror	spiegel
house	huis	Monday	maandag
hugging	knuffelen	monkey	aap
ice cream	ijs	moose	eland
jacket	jas	mother	moeder
January	januari	motorcycle	motorfiets
jeans	spijkerbroek	mouse	muis
July	juli	mouth	mond
		neck	nek

English-Dutch Word List

necktie	stropdas	**plate**	bord
nine	negen	**please**	alstublieft
no	nee	**police car**	politieauto
nose	neus	**popcorn**	popcorn
notebooks	schriftjes	**pot**	pan
November	november	**potatoes**	aardappelen
numbers	nummers	**pull**	trekken
nuts	noten	**purple**	paars
October	oktober	**purse**	tas
old	oud	**push**	duwen
one	één	**quiet**	stil
onion	ui	**rabbit**	konijn
open	open	**rain**	regen
opposites	tegenstellingen	**rainbow**	regenboog
orange (color)	oranje	**read**	lezen
orange (fruit)	sinaasappel	**rectangle**	rechthoek
overalls	overall	**red**	rood
owl	uil	**refrigerator**	koelkast
paint	verf	**rice**	rijst
pajamas	pyjama	**rocket**	raket
pan	pan	**rooster**	haan
pancakes	pannenkoeken	**ruler**	liniaal
panda	panda	**sad**	verdrietig
pants	broek	**sailing**	zeilen
pear	peer	**salad**	salade
pen	pen	**sandwich**	boterham
pencil	potlood	**Saturday**	zaterdag
penguin	pinguïn	**scale**	weegschaal
pig	varken	**scarf**	sjaal
pillow	kussen	**school**	school
pink	roze	**schoolbus**	schoolbus
pizza	pizza	**scissors**	schaar

English-Dutch Word List

scooter	scooter	**spring**	lente
seasons	seizoenen	**square**	vierkant
September	september	**squirrel**	eekhoorn
seven	zeven	**stairs**	trap
shampoo	shampoo	**standing**	staan
shapes	vormen	**stapler**	nietmachine
sheep	schaap	**star**	ster
ship	schip	**stomach**	buik
shirt	shirt	**stool**	kruk
shoes	schoenen	**stove**	fornuis
shoulder	schouder	**strawberries**	aardbeien
shower	douche	**strong**	sterk
sink	gootsteen	**student**	student
sister	zus	**submarine**	onderzeeër
sit	zitten	**summer**	zomer
six	zes	**sun**	zon
skateboard	skateboard	**Sunday**	zondag
skating	schaatsen	**sunglasses**	zonnebril
skirt	rok	**surprised**	verrast
sleeping	slapen	**sweater**	trui
snail	slak	**sweatshirt**	sweatshirt
snake	slang	**swim trunks**	zwembroek
sneakers	sneakers	**swimsuit**	badpak
snow	sneeuw	**table**	tafel
soap	zeep	**talking**	praten
soccer	voetbal	**teacher**	leraar
socks	sokken	**teapot**	theepot
soft	zacht	**television**	televisie
spaghetti	spaghetti	**ten**	tien
spoon	lepel	**tennis**	tennis
sponge	spons	**tennis racket**	tennisracket
sports	sporten	**thank you**	dank je

English-Dutch Word List

three	drie	**wet**	nat
Thursday	donderdag	**whale**	walvis
tiger	tijger	**whisk**	garde
tights	panty	**whisper**	fluisteren
tissue	zakdoek	**whistle**	fluiten
toast	toast	**white**	wit
toe	teen	**wind**	wind
toilet	toilet	**window**	raam
toilet paper	wc-papier	**winter**	winter
tomato	tomaat	**wolf**	wolf
toothbrush	tandenborstel	**wrist**	pols
toothpaste	tandpasta	**yellow**	geel
tornado	tornado	**yes**	ja
towel	handdoek	**young**	jong
tractor	tractor	**zebra**	zebra
train	trein		
transportation	vervoer		
triangle	driehoek		
truck	vrachtwagen		
t-shirt	t-shirt		
Tuesday	dinsdag		
turkey	kalkoen		
turtle	schildpad		
two	twee		
uncle	oom		
underwear	ondergoed		
up	omhoog		
wagon	kar		
wardrobe	kledingkast		
watermelon	watermeloen		
weather	weer		
Wednesday	woensdag		

Published by Dylanna Press an imprint of Dylanna Publishing, Inc.
Copyright © 2025 by Dylanna Press

Editor: Julie Grady

All rights reserved. No part of this publication may be reproduced, stored in a retrieval system, or transmitted by any means, including electronic, mechanical, photocopying, or otherwise, without prior written permission of the publisher.

Although the publisher has taken all reasonable care in the preparation of this book, we make no warranty about the accuracy or completeness of its content and, to the maximum extent permitted, disclaim all liability arising from its use.

Printed in the U.S.A.

www.ingramcontent.com/pod-product-compliance
Lightning Source LLC
Chambersburg PA
CBHW042354070526
44585CB00028B/2928